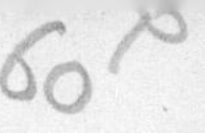

súper Gramática fácil de la Lengua española

súper Gramática fácil de la Lengua española

Resuelve todas tus dudas *en un minuto*

Leonardo Gómez Torrego

ESPASA

Diseño de cubierta: morato + infinito, 2012
Diseño de interiores y maquetación: Rudesindo de la Fuente
Preimpresión: Safekat, S. L.

ISBN: 978-84-670-0527-1
Depósito legal: M. 3.100-2012

Impreso en España – *Printed in Spain*
Impresión: Huertas, S. A.

Espasa, en su deseo de mejorar sus publicaciones, agradecerá cualquier sugerencia que los lectores hagan al departamento editorial por correo electrónico: sugerencias@espasa.es

Editorial Espasa Libros, S.L.U.
Avda. Diagonal, 662-664
08034 Barcelona
www.espasa.com
www.planetadelibros.com

El papel utilizado para la impresión de este libro es cien por cien libre de cloro y está calificado como **papel ecológico.**

Índice

5. *Los verbos*

6. *Los adverbios*

7. *Las preposiciones*

8. *Concordancias*

1
EL GÉNERO

Antes conviene saber...

☼ Hay sustantivos que son masculinos o femeninos dependiendo del artículo y de los adjetivos determinativos que antepongamos. Son los **sustantivos comunes en cuanto al género**.

Algunos ejemplos de este tipo de sustantivos son:

el/la testigo, el/la modelo, el/la reo (también es correcto *la rea*), *el/la canguro* ('persona que cuida niños por horas y cobra por ello'), *el/la (co)piloto, el/la soprano, el/la número[uno, dos...], el/la soldado, el/la cabo, el/la sargento* (estos, en el ámbito militar), *el/la miembro* (también es correcto *un miembro* aplicado a la mujer), *el/la otorrino, el/la endocrino* (se considera correcto también el femenino *la endocrina*, y podría justificarse el de *otorrina*), *el/la concertino, el/la sobrecargo*

☼ Hay otros que no diferencian el masculino del femenino mediante recursos gramaticales. Se llaman **sustantivos epicenos**. Ejemplos:

un ídolo (NO: **una ídolo* ni **una ídola*)
un vejestorio (NO: **una vejestorio* ni **una vejestoria*)

El sustantivo *familiar* no marca el sexo con ningún recurso gramatical: es nombre **epiceno**: *Aurora es un familiar mío. Juan es un familiar mío.*

☼ Otro grupo de sustantivos son los conocidos como **ambiguos en cuanto al género**; se caracterizan por poder llevar determinantes masculinos y femeninos sin que ello implique cambio de significado, al menos en lo que al significado objetivo se refiere. Ej.: *el mar* y *la mar, el maratón* y *la maratón, el ratio* y *la ratio, azúcar moreno* y *azúcar morena, el tiroides* y *la tiroides.*

¿Qué nos dice la norma sobre...?

Sustantivos que designan actividades, cargos, profesiones o meras denominaciones de personas y animales

La norma dice:

☼ **Los sustantivos acabados en *-o* hacen el femenino en *-a*.**

abogado > abogada
arquitecto > arquitecta
cartero > cartera
comisario > comisaria
fontanero > fontanera
informático > informática
ingeniero > ingeniera
mandatario > mandataria
mecánico > mecánica
médico > médica
músico > música
químico > química
técnico > técnica
vampiro > vampira

☼ **Los sustantivos de este tipo acabados en *-a*** que se referían solo a actividades o profesiones ejercidas por mujeres hacen el masculino en *-o* si la actividad o profesión correspondiente la ejercen en la actualidad también los hombres:

azafata > azafato
ama de casa > amo de casa

⚠ **PERO NO**: **telefonisto, *pianisto* ni **periodisto.*

☼ **Los sustantivos masculinos** agudos, llanos y esdrújulos acabados en vocal que no sea *-o* diferencian el sexo no con terminaciones sino con artículos (o determinantes) y adjetivos (= **comunes en cuanto al género**):

el/la cónyuge, el/la detective, el/la viajante, el/la agente, el/la atleta, el/la monarca, el/la cineasta, el/la poeta, el/la hindú, el/la zombi, el/la teniente, el/la gobernante, el/la regente…

Sustantivos de persona que acaban en consonante

La norma dice:

☼ **Sustantivos y adjetivos acabados en *-or, -ón, -án, -és, -z, -ín*** presentan su forma en *-a*:

pintor/-a, constructor/-a, autor/-a, campeón/-a, peón/-a, peatón/-a, truhán/-a, holgazán/-a, haragán/-a, talibán/-a, feligrés/-a, montañés/-a, marqués/-a, aprendiz/-a, andaluz/-a

☼ **Sustantivos acabados en consonante no incluida en los grupos *-or, -ón, -án, -és, -z, -ín*** no se marcan con terminaciones sino con artículos (o determinantes); los adjetivos permanecen invariables:

la canciller, la bachiller, la ujier, la crupier, la mercader, la mandamás, la militar, la industrial, la titular, la rehén, la mártir, la portavoz, la general, la auxiliar, [falda] *azul,* [persona] *gentil*

Excepciones y curiosidades...

- El sustantivo ***modisto*** es una excepción, pero es correcto, aunque la forma recomendada es *el modista*.
- Unos pocos sustantivos **acabados en *-e*** hacen el femenino obligatoriamente en *-a*: *nene/-a, sastre/-a, bebe/-a* (en América), *cacique/-ca, monje/-a, infante/-a, elefante/-a.*
- Algunos **femeninos** son **irregulares:**

  alcaldesa, condesa, sacerdotisa, profetisa, poetisa (también *la poeta*), *princesa, reina, heroína, jabalina* (de *jabalí*), *actriz, emperatriz* (NO **emperadora*), *baronesa, zarina, choferesa* (mejor: *la chófer o la chofer*), *lideresa* (mejor: *la líder*)
- Algunos sustantivos **acabados en *-l*** exigen un femenino en *-a: zagala, colegiala, española.*
- Son igualmente válidos los femeninos ***la juez*** y ***la jueza***, ***la concejal*** y ***la concejala.***

2

EL NÚMERO (singular y plural)

Al hablar empleamos sustantivos que pueden referirse a uno o a varios seres, y podemos acompañarlos de adjetivos en singular o plural, según corresponda. Nuestra lengua tiene algunas normas para resolver las dudas que se nos plantean en relación con el cambio de singular a plural.

¿Qué nos dice la norma sobre...?

El plural de sustantivos y adjetivos acabados en *-í, -ú*

La norma dice:

- **Cuando un sustantivo o adjetivo acaba en *-í* o *-ú*** (con tilde) podemos formar el plural añadiendo ***-s*** o ***-es,*** aunque podemos encontrar preferencia por una terminación u otra. Así, si la palabra es culta o se refiere a gentilicios o nombres de etnias, se prefiere la terminación *-es:*

  baladíes, frenesíes, ceutíes, iraquíes, hindúes, zulúes…

- Por el contrario, **si la palabra es más popular o coloquial, o procede de lengua extranjera,** se añade ***-s*** para formar el plural:

  popurrís, pipís, pirulís, champús, canesús, menús, tiramisús, quiquiriquís…

- Existe otro grupo de palabras que no se incluyen en ninguno de los anteriores, que admiten ambas terminaciones (*-s* y *-es*); es más culta la forma *-es*:

  esquíes o *esquís, bisturíes* o *bisturís, jabalíes* o *jabalís, pedigríes* o *pedigrís, rubíes* o *rubís, carmesíes* o *carmesís, bambúes* o *bambús, tisúes* o *tisús, iglúes* o *iglús, gurúes* o *gurús…*

El plural de sustantivos y adjetivos acabados en otras vocales

La norma dice:

☼ **Los sustantivos y adjetivos acabados en otra vocal que no sea ni la *-í* ni la *-ú*** (con tildes) **hacen el plural con *-s*:**

cursis, mesas, bebés, dominós, ayatolás, cafés, tribus, espíritus, cacahuetes, taxis…

Aquí también encontramos todos los sustantivos y adjetivos acabados en vocal **procedentes del latín o de cualquier otra lengua** y que han experimentado la correspondiente castellanización:

las ratios, los espaguetis, los confetis, los raviolis, los paparazis, los grafitis, los brócolis, los penaltis, los travestis, los atrezos, groguis, los yanquis, sexis, los bidés, los carnés, los chalés, los capós, los bungalós, los bonsáis…

El plural de los monosílabos

La norma dice:

☼ **Las palabras de una solo sílaba acabadas en vocal siguen en general las normas expuestas, incluidos los sustantivos que designan las notas musicales:**

pie > pies, té > tés (de *té* 'tipo de árbol y de infusión'), *te > tes* (de *te* 'nombre de letra'), *ka > kas* (de *ka* 'nombre de letra'), *pro > pros* (de *pro*: *los pros*), *dos* (de *do*, nombre de nota musical)

☼ **Los nombres de las vocales y los de *sí, no* y *yo* añaden *-es* para formar el plural:**

síes (NO: **sis*), *noes* (NO: **nos*), *yoes* (también es válida la forma *yos*); las *aes, las íes, las oes, las úes, las ees* (también, y hoy se preferie, *las es*)

El plural de palabras como *rey* y *jersey*

La norma dice:

☼ **El plural en los sustantivos con terminación en diptongo con *-y* (*-ey, -ay, -oy*) añaden *-es,* salvo en los de procedencia extranjera, que cambian la *-y* por una *-i* y añaden *-s.*** Veamos algunos ejemplos:

-ey, -ay, -oy + -es	*ey, -ay, -oy + - ies* (de procedencia extranjera)
rey › reyes, ley › leyes, buey › bueyes, convoy › convoyes	*jersey › jerséis, gay › gais, espray › espráis, bonsay › bonsáis, disyóquey › disyoqueis*

El plural de sustantivos y adjetivos en singular acabados en consonante

La norma dice:

☼ **Los sustantivos y adjetivos que son palabras agudas o llanas en singular acabadas en las consonantes *-l, -n , -r, -d, -z, -j* (también en *-s* y en *-x* solo en las palabras agudas) añaden *-es* para formar el plural, y, además, las palabras llanas se convierten en esdrújulas, y, por tanto, llevan tilde:**

Agudas acabadas en -*l*, -*n*, -*r*, -*d*, -*z*, -*s*, -*x*, -*j*	**Llanas** acabadas en -*l*, -*n*, -*r*, -*d*, -*z*
pared › paredes; mes › meses; bus › buses; seis › seises; fax › faxes; cruasán › cruasanes; talibán › talibanes; reloj › relojes	*árbol › árboles; mártir › mártires; cánon › cánones; chándal › chándales; eslogan › eslóganes; hámster › hámsteres; volumen › volúmenes*
⚠ **PERO:** ***unisex, relax y ex,*** que permanecen invariables: *peluquerías unisex; el/los relax; mis ex.*	⚠ **PERO NO:** *c*arácteres,* sino *caracteres.*

☼ **Si la palabra acaba en *-s* o *-x* en singular y es llana o esdrújula, su plural es invariable.** Veamos ejemplos de ambos casos:

Esdrújulas acabadas en -s	**Llanas** acabadas en -s o -x
la/las síntesis, el/los análisis, la/las diéresis, la/las parálisis	*la/las caries, el/los cactus, la/las tesis, el/los clímax*

☼ **Los nombres y adjetivos acabados en cualquier otra consonante que no sea una de las anteriores hacen su plural añadiendo una *-s:***

tictacs, mamuts, zigzags, tics, airbags, debuts, módems, blocs, esnobs, déficits, hábitats, ítems, superávits, currículums, accésits, webs, cuórums, réquiems, robots, chats, cómics, récords…

⚠ **PERO:** *los test, los kibutz, los lores, los sándwiches, los álbumes, los filmes* (y *los films*), *clubs* (y *clubes*).

El plural de siglas, símbolos y abreviaturas

La norma dice:

☼ **Siglas: quedan invariables:**

las ONG, los DVD, los CD, los GEO…

⚠ **PERO:** si ya existen como palabra o se escriben con todas sus letras minúsculas, sí admiten plural: *cederrones, ovnis, láseres, radares, oenegés…*

☼ **Símbolos: no se marcan en plural:**

10 l (= 10 litros) NO: **10 ls.*
20 km (= 20 kilómetros) NO: **20 kms.*
19:30 h (19:30 horas) NO: **19:30 hs.*

☼ **Abreviaturas:**

– **Si acaban en vocal o en cualquier consonante, se añade *-s:*** *págs.* (páginas), *advs.* (adverbios), *tels.* (teléfonos), *cénts.* o *cts.* (céntimos), *izdas* (izquierdas)…
– **Si la consonante última de la abreviatura es también la última de la palabra en singular, se añade *-es:*** *sres.* (señores), *dres.* (doctores).

⚠ **PERO NO:** **Udes.* ni **Vdes.*, sino *Uds.* o *Vds.*

– **Cuando una abreviatura se expresa en singular solo con la letra inicial, o con las iniciales de un grupo sintáctico, el plural se forma normalmente duplicando dichas letras:** *ss.* (siglos o siguientes), *pp.* (páginas), *cc.* (cuentas), *aa. vv.* (autores varios), *RR. MM.* (Reyes Magos), *SS. MM.* (sus majestades).

El plural en los compuestos

Tenemos que diferenciar entre los compuestos que aparecen como una sola palabra (*sacacorchos*), los que contienen dos sustantivos seguidos (*obras cumbres*) y los que se forman con dos palabras unidas por un guion ([*cuestiones*] *teórico-prácticas*).

La norma dice:

☼ **Compuestos como** UNA SOLA PALABRA: **siguen la regla general del plural.**

los pintaúñas, los mandamases, las contrarrelojes, los hazmerreíres, los camposantos, los portavoces.

Algunos compuestos admiten su escritura en una o dos palabras. En el primer caso, la marca de plural va solo al final; en el segundo, se marcan los dos componentes: *los arcoíris y los arcos iris, los mediapuntas* y *los medias puntas, las medianoches* y *las medias noches, vigesimoterceros* y *vigésimos terceros, los guadiaciviles y los guardias civiles.*

☼ **Compuestos como** VARIAS PALABRAS:

– Compuestos formados por **sustantivo + sustantivo.** Solo se marca el **primer componente:**

ciudades dormitorio, horas punta, sofás cama, coches cama

– Compuestos formados con **sustantivo + sustantivo** (con valor adjetivo): **se marcan los dos componentes**, aunque es válido también dejar el segundo componente sin marca de plural:

palabras clave(s), niños soldado(s), obras cumbre(s), jugadores estrella(s)

– Compuestos formados con **sustantivo + sustantivo** (con valor adjetivo y designando un color). Cuando el segundo componente del compuesto es un sustantivo, con valor adjetivo, que designa un color, valen también las dos formas de plural:

paisajes malvas y *paisajes malva; tonos naranjas* y *tonos naranja; tonalidades violetas* y *tonalidades violeta; mantones lilas* y *mantones lila; pantalones mostazas* y *pantalones mostaza; camisas salmones* y *camisas salmón*

⚠ **PERO:** si el segundo componente es un adjetivo compuesto, queda invariable en plural: *pantalones azul marino, ojos azul claro.*

☼ **Compuestos formados con ADJETIVOS SEPARADOS POR GUION: solo se coloca en plural el segundo componente:**

*[cuestiones] teórico-práctica**s**, [aspectos] lingüístico-literario**s**, [razones] político-económica**s**, [actitudes] ascético-mística**s**.*

Si los componentes separados por guion son sustantivos, lo normal es pluralizar los dos: *director-presentador>directores-presentadores.*

⚠ **PERO:** *carriles-bici* (mejor que *carriles-bicis*).

Excepciones y curiosidades...

- **Los premios Goya**. Si el sustantivo *goya* designa una 'estatuilla' o un 'cuadro' (pintado por Goya), su plural es regular: *Está en posesión de tres goyas*; *Quedan dos goyas y dos picassos*. Pero si actúa como aposición a *premio*, debe quedar invariable: *Los premios Goya*.
- Los plurales de las palabras ***régimen* y *espécimen*** (es incorrecto el singular *especimen*) son los de *regímenes* y *especímenes* respectivamente..
- Las palabras de origen extranjero, latino o griego ***el/los cáterin, el/los trávelin, el/los cárdigan, el/los búmeran*** (*bumeranes* es el plural *bumerán*, variante de *búmeran*), ***el/los ínterin, el/los polisíndeton*** no cambian en el plural. Solo ***hipérbaton*** hace el plural ***hipérbatos.***
- Los sustantivos ***currículum, referéndum, memorándum, maremágnum, máximum, mínimum*** presentan las variantes respectivas más castellanas *currículo, referendo, memorando, maremagno, máximo, mínimo,* con sus plurales regulares.

3
LOS GRADOS DEL ADJETIVO

Cuando empleamos adjetivos, lo podemos hacer en su **grado positivo** *(difícil),* o en sus grados **comparativo** *(más/menos difícil que...; mejor que...)* y **superlativo** (*dificilísimo* o *muy difícil).* En este apartado se exponen las dudas más frecuentes que plantea el uso de los grados del adjetivo y su resolución según la norma.

¿Qué nos dice la norma sobre...?

Algunos superlativos terminados en *-ísimo* o *-érrimo*

La norma dice:

☼ **Los adjetivos con diptongo *-ue* o *-ie,* de procedencia latina con vocal tónica *o* y *e,*** pueden formar su superlativo en *-ísimo* tanto con raíz castellana como con la raíz latina. Ambas se consideran correctas, si bien son más cultas las formadas a partir de la base latina:

Raíz castellana	Raíz latina
fuertísimo	*fortísimo*
valientísimo	*valentísimo*
recientísimo	*recentísimo*
calientísimo	*calentísimo*
buenísimo	*bonísimo*
nuevísimo	*novísimo*
tiernísimo	*ternísimo*

⚠ **PERO:** el adjetivo ***corriente*** solo admite la forma *corrientísimo* (raro *correntísimo*).

☼ **Las terminaciones *-ísimo* y *-érrimo*.** La mayoría de los adjetivos forman el superlativo con la terminación *-ísimo,* pero hay unos pocos que admiten la terminación *-érrimo*.

Ambas terminaciones	Solo *-érrimo*	Solo *-ísimo*
pobrísimo y *paupérrimo* *pulcrísimo* y *pulquérrimo*	*misérrimo, celebérrimo, libérrimo*	*antiquísimo, sapientísimo*

☼ **Otros adjetivos añaden *-ísimo* a una raíz castellana o a la correspondiente latina, y ambas formas se consideran válidas:**

Grado positivo	Grado superlativo
amigo	*amiguísimo* y *amicísimo* (del latín *amicus;* más culta y hoy poco usada)
fiel	*fielísimo* y *fidelísimo* (del latín *fidelis;* más culta)
frío	*friísimo* y *frigidísimo* (del latín *frigidus;* muy culta y hoy poco usada)
sagrado	*sagradísimo* y *sacratísimo* (del latín *sacratus;* más culta)
simple	*simplísimo* y *simplicísimo* (del latín *simplicem;* más culta)
cruel	*cruelísimo* y *crudelísimo* (más culta)

⚠ No se considera correcto, por redundante, el uso del superlativo con *-ísimo* o *-érrimo* acompañado del cuantificador *muy*: *muy bellísimo, muy listísimo, muy paupérrimo...*

⚠ Los superlativos ***cursilísimo, jovencísimo*** y ***mayorcísimo*** se caracterizan por incluir un infijo entre *-ísimo* y la raíz: *-l-* (en el primer caso) y *-c-* (en los otros dos casos).

☼ **Los adjetivos en grado superlativo *óptimo, pésimo, máximo, mínimo, ínfimo*** ('muy bajo') **y *supremo*** ('muy alto') no se deben combinar con adverbios de grado y cuantificadores (*muy, más, menos, tan, bastante, algo, nada...*).

⚠ **EXCEPCIÓN:** el uso del adjetivo ***mínimo*** precedido de un artículo seguido del adverbio *más* (superlativo relativo). En estos casos, la secuencia *más mínimo* es equivalente a *menor.*

No hubo la más mínima objeción; No se oyó el más mínimo ruido

☼ **Los adjetivos acabados en *-ble*** que admiten superlativo con sufijo añaden la forma *-ísimo* al sufijo latino (*-bilis*) y no al castellano (*-ble*):

amabilísmo (de *amable, no *amablísimo*), *afabilísimo* (de *afable*), *rentabilísimo* (de *rentable*), *nobilísimo* (de *noble*)

⚠ **EXCEPCIÓN:** ***endeble,*** cuyo superlativo es *endeblísimo* (NO: **endebilísimo*).

El comparativo *mayor* y otros comparativos en *-or*

La norma dice:

- **Cuando *MAYOR* se usa referido a la edad, puede ser compatible con los adverbios *más, menos, tan, muy:*** *Tu padre es (está) muy mayor; Tu padre es (está) tan mayor como el mío.*
- **Pero no se considera correcta la combinación *más mayor* si se establece una comparación con un segundo término:**

  *Pedro es *más mayor que tú* (CORRECTO: *Pedro es mayor que tú*)
  *Pedro es *el más mayor de los hermanos* (CORRECTO: *Pedro es el mayor de los hermanos*)
- **Si no existe un segundo término explícito**, esa combinación es correcta y adquiere un significado distinto de *mayor*. Así, *Cuando seas más mayor* se puede oponer a *Cuando seas mayor*: en el primer caso significa 'cuando tengas algunos años más'; en el segundo, 'cuando seas adulto'. De la misma manera, podemos clasificar un grupo de chicos como "los pequeños, los más pequeños, los mayores y los *más mayores*", por lo que *más mayores* no es lo mismo que *mayores.*

Advertencias y curiosidades...

- Cuando con el segundo término de comparación no se compara una entidad con otra, sino que se expresa un grado o una cantidad, el nexo es la preposición ***de:***

  *Este tema es **más difícil** <u>de</u>* (NO: **<u>que</u>) **lo que** creías*
  *Acudió **más gente** <u>de</u>* (NO: **<u>que</u>) **la que** esperábamos*
  *El dolor fue **mayor** <u>de</u>* (NO: **<u>que</u>) **lo que** cabía suponer*

- Los adjetivos ***superior, inferior, anterior, posterior*** no admiten su combinación con *más, menos*, pero sí la admiten con *muy*:

Correcto	Incorrecto
muy superior, muy inferior, muy anterior, muy posterior	**más superior, *más inferior, *más anterior, *más posterior*

4

LOS PRONOMBRES

Antes conviene saber...

Para entender cómo funcionan ciertos pronombres, debemos tener clara la diferencia entre una oración en **forma activa** y una oración en **forma pasiva** y qué parte de la oración es un **complemento directo** o un **complemento indirecto**.

☼ Un elemento es **complemento directo** (CD):

- cuando en la oración en que se encuentra puede pasar a ejercer la función de sujeto de la oración pasiva correspondiente;
- cuando puede ser sustituido por los pronombres *lo, la, los, las.*

☼ El **complemento indirecto** (CI) se caracteriza:

- por ir introducido por la preposición *a* (también los complementos directos de persona pueden ir introducidos por *a*);
- no poder pasar a sujeto de una oración pasiva;
- por ser sustituido por los pronombres personales *le, les.*

Ejemplos:

Dieron un premio a la familia → *Le dieron un premio* (***a la familia* = *le***)
C. directo C. indirecto CI CD

Les cantaré una canción a los asistentes
CI CD CI

A María le gusta el cine
CI CI SUJ

¿Qué le ocurre a tu hija?
SUJ CI CI

✵ Solo el complemento directo puede ser sujeto de la oración pasiva:

Oración activa: *Detuvieron* a ***un individuo*** *en la calle*
verbo activo CD de persona

Oración pasiva: ***Un individuo*** *fue detenido en la calle*
sujeto verbo pasivo

¿Qué nos dice la norma sobre...?

Leísmo, laísmo y loísmo

La norma dice:

✵ El **leísmo** consiste en emplear ***le, les*** en lugar de *lo, la, los, las:*

¿QUÉ **PERMITE** LA NORMA?	
— El **leísmo** de usar *le* por *lo* **referido a persona** *Al director del banco* ***le*** *asaltaron ayer*	
— El **leísmo de cortesía**: usar *le/les* por *lo, los, la, las* referido a *usted(es).* ***Le*** *saludo a usted, señora/señor.*	
— **Leísmo** en oraciones impersonales **con *se*** (solo en masculino). *A tu hijo se* ***le*** *ve algo nervioso* *A tus hijos se* ***les*** *ve algo nerviosos*	
¿QUÉ NO PERMITE LA NORMA?	
— **Leísmo** en **plural** Dejé a los alumnos en el aula	
NO: ****Les*** *dejé en el aula*	**SÍ:** ***Los*** *dejé en el aula*
— **Leísmo** de **cosa** *Vas a romper el ordenador*	
NO: ****Le*** *vas a romper*	**SÍ:** ***Lo*** *vas a romper*
— **Leísmo** de **persona** en **femenino**	
NO: *A Irene no tienes que *insultar**le**.*	**SÍ:** *A Irene no tienes que *insultar**la***

El **laísmo** consiste en emplear ***la, las*** en lugar de *le, les:*

¿QUÉ **PERMITE** LA NORMA?

Ningún tipo de laísmo está permitido.

NO: **¿Qué **la** [a tu madre] gustó más?*
SÍ: *¿Qué **le** [a tu madre] gustó más?*

NO: **A Marta no **la** digas que me he ido al cine*
SÍ: *A Marta no **le** digas...*

⚠ El laísmo es muy frecuente con verbos que no llevan complemento directo sino sujeto, normalmente pospuesto, y complemento indirecto:

*A tus vecinas se **les** acaba el tiempo*
(**NO:**...**se **las** acaba el tiempo*)
*A Clara no **le** interesa tu postura*
(**NO:**...**no **la** interesa...*)

El **loísmo** consiste en emplear ***lo, los*** en lugar de *le, les:*

¿QUÉ **PERMITE** LA NORMA?

Se considera muy vulgar y **no está permitido nunca.**

NO: **A mi hermano, que está en el hospital, **lo** llevo unos bombones*
SÍ: *A mi hermano, que está en el hospital, **le** llevo unos bombones*

NO: **Al niño no **lo** da de mamar cuando lo pide*
SÍ: *Al niño no **le** da de mamar cuando lo pide*

El «quesuismo» y el uso del relativo *cuyo/-a/-os/-as*

La norma dice:

El **quesuismo** (*que + su*) es una incorrección gramatical que consiste en el uso del pronombre ***que*** seguido del posesivo ***su(s)*** o del artículo con un valor posesivo (*que las*), cuando lo correcto es la utilización de ***cuyo/-a/-os/-as:*** *El coche cuya tapicería...*

Incorrecto (quesuismo)	**Correcto** (uso de *cuyo/-a/-os/-as*)
*Me regalaron un coche *que su tapicería era roja.*	*Me regalaron un coche* ***cuya*** *tapicería era roja.*
*Acudimos a una manifestación *que la convocatoria se hizo dos días antes.*	*Acudimos a una manifestación* ***cuya*** *convocatoria se hizo dos días antes.*
*Tengo un libro de lengua *que me encanta su (la) exposición didáctica.*	*Tengo un libro de lengua* ***cuya*** *exposición didáctica me encanta.*

☼ El relativo ***cuyo/-a/-os/-as*** debe aglutinar el valor de un relativo (necesita un antecedente) y un valor semántico de 'posesión'; de no ser así, se incurre en incorrección.

Incorrecto	**Correcto** (el relativo **cuyo** con antecedente)
La Ilíada, ***de cuya obra*** *es autor Homero, es una epopeya.*	*La Ilíada, una* ***obra cuyo autor*** *es Homero* [o bien: ***de la que es autor*** *Homero*], *es una epopeya.* (El antecedente del relativo *cuyo* es *obra*).
Vino a mi casa el jardinero con un operario suyo, ***cuyo operario*** *me pareció bastante eficaz.*	*Vino a mi casa el jardinero con un* ***operario*** *suyo,* ***quien*** *me pareció bastante eficaz.*

Los reflexivos y los indefinidos *alguien* y *nadie*

La norma dice:

☼ Los pronombres ***mi, ti, sí, nos, os*** referidos al sujeto deben concordar con este en número y persona (*yo → mí; tú → ti; él/ella → sí,* etc.), incluso en las expresiones ***no dar más de sí*** ('no poder más') y ***volver en sí*** ('recobrar el conocimiento'):

Estoy tan cansado que no doy más de mí (NO: **de sí*)
sujeto *yo:* concordancia con *mí*

Cuando tú volviste en ti (NO: **en sí*)
Ya no damos más de nosotros (NO: **de sí*)

Advertencias:

⚠ El pronombre *usted(es)* va referido a la tercera persona: *Cuando usted volvió en sí* (NO: **en usted*).
⚠ En la expresión ***dar de sí*** (con significado de 'ensanchar') el pronombre no cambia porque no se refiere al sujeto sino al complemento; en el ejemplo, *el jersey*: *No tires tanto de la manga que **vas a dar de sí el jersey.***

☼ No es correcto el empleo de los pronombres indefinidos ***alguien*** y ***nadie*** por *alguno(s)* o *ninguno* con valor partitivo, o sea, cuando se indica uno o varios elementos de un todo.
**Nadie de los presentes* (CORRECTO: *Ninguno de los presentes*)
**Alguien de vosotros/-as* (CORRECTO: *Alguno(s)-a(s) de vosotros-as*)

Advertencias sobre leísmo, laísmo y loísmo

Algunos verbos pueden modificar el uso de *le, lo, la*.

➔ Verbos como ***pegar, escribir, abrir, disparar, robar*** **o** ***pagar,*** donde el complemento directo no aparece expresado en la frase:

Pegaron [una paliza] *a una alumna* → ***Le** pegaron*

Aclaración:

➔ El complemento directo «de cosa» a veces se sobrentiende; la persona o animal siguen ejerciendo de complemento indirecto *(le, les).*

Suelo escribir [una carta] *a mi madre dos veces a la semana* → *Suelo escribir**le...***
Abre [la puerta] *a la profesora, que quiere decirnos algo* → Ábre***le,*** *que...*
Dispararon [un tiro] *a la víctima por la espalda* → ***Le** dispararon por la espalda*
Robaron [el dinero, el bolso...] *a Marta en su tienda* → ***Le** robaron en su tienda*
Pagué [la compra] *a Elvira al contado* → ***Le** pagué al contado*

→ Hay otros casos en que el complemento directo «de cosa» puede no aparecer, y en los cuales la persona se convierte en verdadero complemento directo, pues pasa a usarse como sujeto de la oración pasiva correspondiente. Veamos ejemplos:

Lavaron a Marta → ***La*** *lavaron (Marta fue lavada)*
Curaron a la víctima → ***La*** *curaron (La víctima fue curada)*

⚠ **PERO:**
Lavaron la cara a Marta → ***Le*** *lavaron la cara*
Curaron las heridas a la víctima → ***Le*** *curaron las heridas.*

→ Verbos como ***asombrar, afectar, asustar, cansar, divertir, molestar, fastidiar, sorprender, convencer, impresionar, ofender, perjudicar.***

1. La persona se percibe como complemento directo al haber un sujeto que realiza la acción:
El niño asustó a su madre con un chillido → *El niño* ***la*** *asustó*

2. La persona se percibe como complemento indirecto al haber un sujeto que no realiza la acción:
A mis hijas ***les*** *asusta la posibilidad de quedarse en el paro*
(MEJOR QUE: *A mis hijas* ***las*** *asusta la posibilidad de quedarse en el paro*)

→ Verbos como ***enseñar, obligar, invitar, convidar, incitar, animar, autorizar*** pueden aparecer con dos complementos: uno de persona (o animal) y otro de cosa encabezado por una preposición.

Enseñé a nadar a mi hija → **La *enseñé*** *a nadar* (MEJOR QUE: Le *enseñé a nadar*)

→ Los verbos ***hacer, dejar, ver, oír*** (y hoy también ***escuchar***) en oración con infinitivo y complemento de persona de verbo intransitivo: uso de *lo, la:*

La *hice llorar* (MEJOR QUE: *Le hice llorar* [a *ella*])

o de verbo transitivo (uso de *le*):

Le *hice* [a *ella*] *limpiar la habitación* (MEJOR QUE: *La hice limpiar la habitación*)

***Le** dejé* [a *ella*] *conducir* el coche (MEJOR QUE: *La dejé conducir el coche*)
V. tran.
***La** dejé salir* (MEJOR QUE: *Le dejé salir* [a *ella*])
V. intran.
Vi salir a Marta → ***La** vi salir* (NO: **Le vi salir* [a *Marta*])
V. intran.
Oí gritar a unas chicas → ***Las** oí gritar* (NO: **Les oí gritar* [a *unas chicas*)
V. intran.
***Les** hice leer el trabajo en público* (MEJOR QUE: *Los hice leer…*)
V. tran.
***Les** dejé* [a *ellas*] *conducir mi coche* (MEJOR QUE: *Las dejé conducir mi coche*)
V. tran.
Vi regar las flores a Marta → ***Le** vi regar las flores* (MEJOR QUE: *La vi regar…*)
V. tran.
Oí a Marta cantar una canción → ***Le** oí cantar una canción* (MEJOR QUE: *La oí cantar una canción)*
V. tran.

➔ El verbo ***llamar*** con complemento predicativo, o sea el complemento que responde a la pregunta «qué o qué cosa llaman a alguien»:

Llaman locos a los actores → ***Los** llaman locos* (MEJOR QUE: *Les llaman locos*) → (*Son llamados locos*)

Aclaración:

➔ Cuando el verbo *llamar* no se construye con complemento predicativo, la persona es complemento directo, por lo que las formas de complemento indirecto se consideran leísmos no permitidos:

Llamaron a su madre para que acudiera al hospital → ***La** llamaron...* (NO: **Le llamaron...*)

➔ Los verbos ***ayudar, obedecer, creer** y **telefonear*** admiten ambas formas: *la/le.*

Ayudé a mi madre → ***La/Le ayudé***
Obedecí a la profesora → ***La/Le obedecí***
No creí a tu amiga → *No **la/le creí***

➔ Los verbos ***informar, avisar, advertir.***

Informar algo a alguien:
Informé a mi vecina que había llegado el cartero → ***Le informé que...*** (NO: **La informé que...*)

o informar de algo a alguien:
Informé a mi vecina de que había llegado el cartero → ***La informé de que...*** (NO: **Le informé de que...*)

Advertí a mis hijas de que iba a llover → ***Las** advertí **de que**...*
(NO: **Les advertí de que...*)
Advertí a mis hijas que iba a llover → ***Les** advertí **que**...* (NO: *Las advertí que...*)

➔ Los verbos ***preguntar*** y ***hablar.***

El verbo *preguntar* presenta dos construcciones:
- preguntar algo (c. directo) a alguien (c. indirecto) → ***preguntar*le** *algo*
- preguntar a alguien (c. indirecto) *sobre algo* → **preguntarle** *sobre algo*

En ambos casos, la persona es complemento indirecto a pesar de que en el segundo es frecuente la pasiva (de dudosa legitimidad normativa) con la persona como sujeto: *La ministra fue preguntada sobre el pago de la deuda.*

Tanto *hablar* como *preguntar* pueden llevar un complemento indirecto de persona, sin que dichos verbos exijan un complemento directo, explícito o implícito, «de cosa»:

***Háblale** a tu niña con cariño* (NO: **Háblala a tu niña...*)
***Pregúntale** a la directora sobre la hora de cierre* (NO: **Pregúntala a la directora...*).

➔ Los verbos ***servir*** y ***entender.***

Servir:
- Con el significado de 'prestar servicios': *Serviré a mi patria con honor>* ***La serviré...*** (NO: **Le serviré...*).
- Con el significado de 'ser útil' o 'venir o sentar bien': *Me dijeron que no* ***les sirvo*** [a ellas] *para esa tarea* (NO: *no *las sirvo...*)

Entender:

– Con el significado de 'no entender la actitud de alguien': *A tu mujer no la entiendo* (NO: *no *le entiendo*)

– Con el significado de 'no comprender las palabras que alguien pronuncia': *A esa profesora no hay quien* ***le entienda*** *cuando explica* (NO: *quien *la entienda...*)

5
LOS VERBOS

Antes conviene saber...

- **Diptongo.** La unión de vocal cerrada (*i, u*) y vocal abierta (*a, e, o*) en una sola sílaba (*-ia, -ie, -io, -ua, -ue, -uo*...) se llama diptongo: *anti**cuar**, averig**uo**, fr**ie**ga, p**ei**no*...
- **Hiato.** La separación de dos vocales contiguas en sílabas distintas es el hiato, bien por la unión de dos vocales abiertas (*a, e, o*) o por la acentuación de una vocal cerrada (*-ía, -íe, -ío, -úa, -úa, -úe, -úo*...): ***pía**, lic**úa**, ba**úl**es*...
- **Verbos transitivos e intransitivos.** En líneas generales decimos que cuando un verbo admite complemento directo es transitivo; cuando no, intransitivo:

  Los jugadores calientan sus músculos
  V. trans. — C.D.

  Atravesaron por una crisis
  V. intrans.

¿Qué nos dice la norma sobre...?

Diptongo o hiato en las conjugaciones verbales

La norma dice:

- **Verbos terminados en *-uar*.** Se conjugan **con hiato** en las formas correspondientes a los presentes de indicativo y de subjuntivo y a la segunda persona del singular del imperativo.

puntúo/-a/-úas/-úan (NO: **puntuo/-as/-a/-an*)
consensúo/-as/-a/-an (NO: **consensuo/-as/-a/-an*)

⚠ **CASOS ESPECIALES:**

– Verbos terminados en ***-guar*** (en estas mismas formas verbales): se conjugan siempre **con diptongo,** sin excepciones.

averiguo/-as/-a/-an; atestigüe/-es/-e/-en

– Verbos terminados en ***-cuar*** (en estas mismas formas verbales): hasta hace poco solo admitían las formas con diptongo —como los acabados en *-guar*—, pero ahora se admiten ambas formas: **con diptongo y con hiato.**

adecuo y *adecúo*, *adecuas* y *adecúas*, *adecua(n)* y *adecúa(n)*, *adecue(n)* y *adecúe(n)*, *adecues* y *adecúes*, *adecua [tú]* y *adecúa [tú]*
evacuo y *evacúo*, *evacuas* y *evacúas*, *evacua(n)* y *evacúa(n)*, *evacue(n)* y *evacúe(n)*, *evacua [tú]* y *evacúa [tú]*
licuo y *licúo*, *licuas* y *licúas*, *licua(n)* y *licúa(n)*, *licue(n)* y *licúe(n)*, *licues* y *licúes*, *licua [tú]* y *licúa [tú]*

☼ **Verbos terminados en *-iar*** (en estas mismas formas verbales). Se distinguen tres grupos:

– Los que solo admiten **diptongo**, como ***afiliar***:

desahuciar (desahucien; NO: **desahucíen), sitiar (sitian;* NO: **sitían), vanagloriarse (me vanaglorio;* NO: **me vanaglorío)…*

– Los que solo admiten **hiato**, como ***liar***:

averiar (averían; NO: **averian), inventariar (inventaría;* NO: **inventaria), porfiar (porfíe;* NO: **porfie), hastiar (hastía;* NO **hastia)…*

– Los que admiten ambas formas, **diptongo e hiato**, como ***paliar***:

agriar (agrias y *agrías), expatriar (expatrian* y *expatrían), historiar (historio* e *historío), paliar (palio* y *palío), repatriar (repatrie* y *repatríe), vidriar (vidria* y *vidría)…*

Verbos con diptongo en su raíz

La norma dice:

Verbos con diptongo (*ai, ei, au, eu*) en su raíz	Verbos con diptongo o sin él en su raíz
Algunos se conjugan siempre **con diptongo**: *desairar* (*desairen*; NO: *desaíren), *desahuciar* (*desahucian*; NO: *desahucían*), *pautar* (*pautan*; NO: **paútan*)	**Algunos verbos** cuya conjugación *debería ser solo con diptongo en su raíz*, **admiten también la variante sin diptongo.** *engrosar* (*engrueso* y *engroso*) *desmembrar* (*desmiembro* y *desmembro*) *cimentar* (*cimiento* y *cimento*) *emparentar* (*empariento* y *emparento*) *soterrar* (*sotierro* y *soterro*) *trocar* (*trueco* y *troco*)
Verbos con diptongo (*ai, ei, au, eu*) en su raíz	**Verbos con diptongo o sin él en su raíz**
Otros se conjugan **con hiato**: *sobrehilar, enraizar* (*enraízan*; NO: *enraizan), *rehusar* (*rehúso*; NO: *rehuso), *aupar* (*aúpa*; NO: **aupa*) *descafeinar* (*descafeínan*; NO: *descafeinan*), *homogeneizar* (*homogeneízas*; NO: **homogeneizas*) y *europeizar* (*europeízo*; NO: **europeizo*)	⚠ El verbo ***amoblar*** presenta la variante ***amueblar.*** ⚠ El verbo ***engrosar*** presenta la variante ***engruesar***; esta última tiene diptongo obligado en toda su conjugación: *engrueso*... y *engruesamos*...

⚠ **EXCEPCIÓN:** los verbos *asolar* y *apostar* adoptan diptongo o hiato dependiendo de su significado:

Asolar:

– Con el significado de 'destruir', 'echar por el suelo' admite ambas formas, con diptongo o sin él: *El tsunami lo **asuela/asola** todo.*

– Con el significado de 'quemar el sol o el calor' no admite diptongo: *Agosto **asola*** (NO: **asuela) los campos.*

Apostar:

– Con el significado de 'colocarse en un determinado lugar con algún fin' no diptonga: *Un policía se **aposta** en el muro del edificio.*
– Con el significado de 'hacer apuestas' sí diptonga: *No se **apuesta** nada a que ganamos mañana.*

⚠ **EXCEPCIÓN:** los verbos ***apretar, fregar, descollar, soldar, solar, amolar, demoler, despoblar, poblar, repoblar, destrocar, mentar, plegar y desplegar*** se conjugan **con diptongo,** a pesar de oírse con frecuencia las formas sin diptongo, sobre todo en registros populares.

NO ES CORRECTO, por tanto: **apreto, *frego, *descolla, *solda, *solan, *amola, *demolen, *despoblan, *poblan, *repoblan, *destrocan, *mentan, *plegan, *desplegan.*

Otras conjugaciones verbales con problemas

En este apartado te aclaramos la conjugación de algunos de esos verbos que nos ponen en más de un aprieto cuando hablamos o escribimos. Algunos son **verbos defectivos**, o sea, que no tienen la conjugación completa. Observa esta lista en orden alfabético: ***abolir, abducir, aducir, agredir, andar, asir, atañer, balbucir, bendecir, ceñir, cernir, cocer, conducir, compungir, contradecir, convencer, convergir/er, decir, deducir, desabrir, desdecir, erguirse, errar, esparcir, inducir, maldecir, mecer, pudrir, predecir, prever, producir, reducir, satisfacer, seducir, transgredir, yacer, vencer.***

La norma dice:

☼ Los verbos ***abolir, agredir, transgredir, compungir*** y ***desabrir*** ya no son verbos **defectivos:** admiten todas sus formas. Podemos decir *abole, agredo, transgredo, compunge* o *desabre.*

Antes solo eran correctas las formas que mantenían la vocal *-i-;* las demás se consideraban incorrectas. Por tanto, eran verbos defectivos: se podía decir *agredieron, agredió, agredimos*, etc., pero no *agrede, agredan,* etc.; y *abolió, abolimos*, etc., pero no *abolo/-a/-as,* etc.

☼ El verbo ***andar*** tiene como irregulares las formas *anduve, anduviste, anduvo, anduvimos, anduvisteis y anduvieron*; *anduviera/-se,* etc. y *anduviere,* etc.; NO: **andé,* **andaste,* **andó,* **andara…*

☼ El verbo ***asir*** presenta las formas ***asgo*** (NO **aso*) en la primera persona del singular del presente de indicativo y las formas *asga/-as/-a/-amos/ -áis/-an* (NO **asa,* **asas…*) en el presente de subjuntivo.

☼ El verbo ***balbucir*** carece de la primera persona de singular del presente de indicativo y de todo el presente de subjuntivo; es, pues, un verbo defectivo.

NO SE DICE **balbuzco* ni **balbuzca/-as/-a/-amos/-áis/-an*; en su lugar se emplean las formas del verbo sinónimo ***balbucear:*** *balbuceo, balbucee/-ees/-ee/-eemos...*

☼ El verbo ***cernir*** tiene la variante, también correcta, ***cerner;*** esta se conjuga como *entender.*

Son INCORRECTAS las formas siguientes: **cirnió* (CORRECTO: *cernió*), **cirniera o cirniese* (CORRECTO: *cerniera o cerniese…), *cirniere…* (CORRECTO: *cerniere*), cirniendo (CORRECTO: *cerniendo*).

☼ El verbo ***discernir*** presenta la misma conjugación que *cernir.*

☼ El verbo ***hendir*** presenta la variante también correcta ***hender.*** La primera variante se conjuga como *cernir* y la segunda como *cerner.*

☼ El verbo ***convergir*** presenta la variante, también correcta, ***converger.*** Esta se conjuga como *temer.*

Son INCORRECTAS las formas siguientes: **convirgió* (CORRECTO: *convergió*), **convirgiera/-se* (CORRECTO: *convergiera/-se…*), **convirgiere* (CORRECTO: *convergiere…*), **convirgiendo* (CORRECTO: *convergiendo*).

☼ Los verbos ***bendecir, maldecir, contradecir, desdecir*** y ***predecir***, derivados de ***decir,*** presentan las siguientes peculiaridades:

bendecir y *maldecir*	*contradecir* y *desdecir*	*predecir*
Son irregulares. No se conjugan como *decir:* - Futuro simple: *bendeciré/-ás/-á,* etc. (NO: **bendiré/-ás/-á,* etc.), *maldeciré/-ás/-á,* etc. (NO: **maldiré/-ás/-á,* etc.) - Condicional simple: *bendeciría/-as/-a,* etc. (NO: **bendiría/-as/-a,* etc.), *maldeciría/-as/-a,* etc. (NO: **maldiría/-as/-a,* etc.) - Segunda persona del imperativo: *bendice* [tú] (NO: **bendí* [tú]), *maldice* [tú] (NO: **maldí* [tú] - Participio: *bendecido*	Se conjugan como *decir,* excepto en el imperativo y el participio: *contradice* [tú] (NO: **contradí* [tú]) y *desdice* [tú] (NO: **desdí* [tú]) Así: *contradiré..., desdiré...* (MEJOR QUE *contradeciré..., desdeciré...)* *contradiría, desdiría...* (MEJOR QUE *contradeciría..., desdeciría...)* *contradicho, desdicho* (NO: **contradecido, *desdecido)*	- En el futuro condicional simple se prefieren respectivamente las formas *predeciré, predeciría* a las de *prediré, prediría* que, aunque menos frecuentes, no son incorrectas - El imperativo en singular es *predice* [tú] (NO: **predí* [tú]) - El participio es *predicho* (NO: *predecido)

☼ El verbo ***prever*** se conjuga como el verbo ***ver***: *previó, previeron, preví, previste, previsteis, previera, previendo, prevé(n), prever, previsto.*

Son INCORRECTAS formas como: **preveyó, *preveyeron, *preveí, *preveíste...*

⚠ No debe confundirse la conjugación del verbo ***prever*** con la del verbo ***proveer***, que sí tiene formas como *proveyó, proveí, proveíste, proveyendo, proveído,* etc.

☼ El verbo ***satisfacer*** se conjuga como el verbo ***hacer***: *satisfice, satisficiste, satisfizo,* etc., *satisficiera/-as/-éramos/-erais/-an...*, *satisfaré/-ás/-á,* etc., *satisfaría/-as/-a...*

Son INCORRECTAS formas como: **satisfací, *satisfaciste, *satisfació,* etc., **satisfaciera/-as/-a/-an,* etc., **satisfaceré/-ás/-á,* etc., **satisfacería/-as/-a,* etc.

⚠ **PERO:** La segunda persona de singular del **imperativo** admite la variante regular y la irregular: *satisface* [tú] y *satisfaz* [tú].

☼ El verbo ***pudrir*** presenta la variante, también correcta, ***podrir***. De esta deriva el participio *podrido* (NO: **pudrido*).

☼ Verbos cuyo infinitivo termina en *-ducir, -ñer, -ñir,* con consonante + *-cer, -cir*

Infinitivos terminados en *-ducir* Ej. *conducir*	Infinitivos terminados en *–ñer* o *-ñir* Ej.: *atañer, ceñir*	Infinitivos terminados en consonante + *-cer* o *-cir* Ej.: vencer, esparcir
Presentan el pretérito simple, el pretérito imperfecto de subjuntivo y el futuro de subjuntivo: *abduje..., abdujera /-se..., abdujere...* *aduje..., adujera/-se..., adujere...* *conduje..., condujera /-se..., condujere...* *deduje..., dedujera /-se..., dedujere...,* *induje..., indujera /-se..., indujere...* *produje..., produjera /-se..., produjere...* *reduje..., redujera /-se..., redujere...* *seduje..., sedujera /-se..., sedujere...* **NO ES CORRECTO** pues **conducí, conduciera...*	Esconden la *-i-* de los diptongos en la *ñ:* *atañó, atañeron; ciñó, ciñeron* (**NO**: *atañió, atañieron, ciñió, ciñieron) *atañera/-se..., ciñera/-se...,* (**NO**: **atañiera/-se,* etc., *ciñiera/-se,* etc.) *atañendo, ciñendo* (**NO**: **atañiendo, ciñiendo*)	No generan sonido [k], por lo que formas como **convezco, *convezca...* (de *convencer*) son incorrectas. Lo correcto es: *convenzo, convenza...* **Vocal + *-cer* sí genera [k]:** *adolecer › adolezco, adolezca...* *estremecer › estremezco, estremezca...* ⚠ **EXCEPCIONES: *mecer* y *cocer*** *mezo* (**NO**: **mezco*) *meza, mezas...* (**NO**: **mezca, *mezcas...*) *cuezo* (**NO**: **cuezco*), *cueza, cuezas...* (**NO**: **cuezca, *cuezcas...*)

☼ Verbos que generan sonido [y] cuando la *-e* es tónica

errar	*erguirse*
Hay sonido [y] en las formas en que la *e* se pronuncia con intensidad (es tónica); cuando no es tónica, debe evitarse ese sonido: *yerro/-as/-a(n)* (NO: **erro/-as/-a*[*n*]) *erramos, erráis,* [vos] *errás* (NO: **yerramos,*yerráis,* [vos] **yerrás*) *yerre/-es/-e(n)* (NO: **erre/-es/-e*[*n*]), *erremos, erréis* (NO: **yerremos, *yerréis*) *yerra* [tú] (NO: **erra* [tú]), *errá* [vos] (NO: **yerrá* [vos]), *errad* (NO: **yerrad*)	Genera un sonido [y], con la letra *y* en la escritura, en las formas en que la *e-* se pronuncia con más intensidad (es tónica), y no la genera en las demás formas (las átonas): *yergo, yergues, yergue, erguimos, erguís, yerguen* *yerga/-as/-a, irgamos, irgáis, yergan*

☼ El verbo ***yacer*** presenta las formas ***yazco*** (forma preferida), *yago* y *yazgo*; ***yazca****/-s/-n…* (formas preferidas), *yaga/-s/-n* y *yazga/-s/-n…*

Son INCORRECTAS las formas **yazo* y **yaza*.

Imperativos, gerundios y participios

La norma dice:

Sobre el imperativo	Sobre el gerundio	Sobre el participio
– La segunda persona del plural del imperativo se marca con la desinencia *-d*, no con *-r*: SÍ: ***Cantad*** *un poco, chicos.* NO: **Cantar un poco, chicos.* – Cuando el verbo lleva la forma *os*, debe eliminarse la *-d* y no sustituirse por *-r*: SÍ: ***Sentaos*** *un momento.* NO: **Sentaros un momento.*	– Es incorrecto cuando se usa con valor de posterioridad y cuando es complemento especificativo de un sustantivo: SÍ: *Encontré un paquete* ***que contenía*** *dinero.* NO: **Encontré un paquete conteniendo dinero.*	– Los verbos ***imprimir, freír*** *(refreír, sofreír)* y ***proveer*** presentan dos participios correctos: *impreso* e *imprimido* *frito (refrito, sofrito)* y *freído (refreído, sofreído)* *provisto* y *proveído.* – Hoy son más frecuentes las formas irregulares: *Hemos* ***impreso (imprimido)*** *las dos primeras páginas.*

⚠ EXCEPCIONES		
- Solo el verbo ***irse*** mantiene la *-d*: ***Idos*** *de aquí* (NO: **iros* ni **íos*). - Los imperativos de **ir** y ***oír*** en sus segundas personas de singular son respectivamente ***ve*** y ***oye*** (NO: **ves* ni **oyes*).	- Cuando la posterioridad se acerca a la simultaneidad, no cabe hablar de incorrección: *Salió dando un portazo.* - En algunos casos, el gerundio no complementa solo al nombre anterior, sino también al verbo principal. Así, no hay incorrección en: *He visto agua saliendo de la roca; He oído al vecino hablando con Juan.*	- Cuando *imprimir* se usa con valor metafórico, es más frecuente la forma *imprimido* que la forma *impreso*: *Ha imprimido* (¿impreso?) gran velocidad en los últimos metros. - También se consideran correctos los participios ***electo*** (en América) y ***preso***, pero solo en las construcciones pasivas, no en los tiempos compuestos: *Fue electo presidente de la República* (= fue elegido); *Fue preso por dos policías* (= fue prendido).

Formas de algunos verbos transitivos e intransitivos

La norma dice:

☼ **Verbos que antes admitían solo complemento directo y que actualmente admiten en su lugar un complemento encabezado por una preposición o la ausencia de complemento, y al revés.** Son los siguientes:

– ***Debatir*** y ***atravesar:***

con C.D.: *Debatieron los impuestos*
Atravesaron una crisis

sin C.D.: *Estuvieron debatiendo toda la tarde/Estuvieron debatiendo sobre los impuestos…*
Atravesaron por una crisis

– ***Entrenar, calentar*** y ***suspender:***
con C.D.: *Entreno al equipo*
Los jugadores se (C.D.) *entrenan*
Los jugadores calientan sus músculos
He suspendido las matemáticas
El profesor suspendió a la mitad de la clase
sin C.D.: *Los jugadores entrenan con intensidad*
Un jugador calienta en la banda
He suspendido en matemáticas
Si sigues así, vas a suspender

– ***Callar:*** actualmente admite complementos directos de persona:
No nos callarán
A los alborotadores pronto ***los callará*** *la policía*

– ***Incautarse:***
con C.D. (antes, no; ahora sí):
La policía (se) ***incautó*** *un arsenal en el aeropuerto*
sin C.D. (antes y ahora):
La policía ***se incautó de*** *un arsenal en el aeropuerto*

– ***Repercutir:***
sin C.D. (antes y ahora):
La bajada de la gasolina ***repercutirá en*** *un mayor consumo*
con C.D. (antes, no; ahora, sí):
El Gobierno ***repercutirá*** *en infraestructuras la subida de la gasolina*

– ***Urgir:*** se construía con un sujeto normalmente pospuesto y con un complemento indirecto no necesario:
Urge pintar la casa
Nos urgía (= era urgente) la entrega del documento

En la actualidad se le reconoce validez normativa si se usa con complementos directos de persona o de cosa:
Los sindicatos urgen (='instan') al Gobierno a que retire el estatuto
Los sindicatos urgen la retirada del estatuto

☼ Verbos que no admiten complemento directo:

– ***Caer*** y ***quedar:***
**No lo caigas* (CORRECTO: *No lo tires; No lo dejes caer*)
**Quédalo ahí* (CORRECTO: *Déjalo ahí*)

– ***Cesar*** y ***dimitir*** no pueden usarse con complemento directo, por lo que tampoco se admiten sus pasivas:
**Van a cesar/dimitir al nuevo director* (CORRECTO: *van a destituir*)
**El director fue cesado/dimitido por el Gobierno* (CORRECTO: *fue destituido*)

– ***Entrar:***
**Entré el coche en el garaje* (uso dialectal) (CORRECTO: *metí* o *introduje*)

– ***Estallar*** y ***explotar*** (cuando se refieren al ámbito de la artillería) son intransitivos, o sea, no llevan complemento directo:
Estalló una bomba; Explotó una bomba

Así, NO ES CORRECTO:
**Un policía estalló la bomba* (CORRECTO: *Un policía hizo estallar la bomba*)
**Los artificieros explotaron la bomba* (CORRECTO: *Los artificieros hicieron explotar la bomba*)

⚠ **PERO:** el verbo ***explosionar*** se puede usar con o sin complemento directo: *Explosionó una bomba; Los artificieros explosionaron la bomba.*

☼ Verbos que forman complemento directo con la preposición *con:*

– El verbo ***contactar*** presenta dos regímenes válidos: *contactar alguien con alguien* y *contactar alguien a alguien*:
Procuraré contactar con ustedes
Procuraré contactarlos/les (leísmo de cortesía) *a ustedes* (en América)

– El verbo ***quedarse,*** con significado posesivo, es también un verbo que se conjuga con pronombre, por lo que antes se construía así: *quedarse alguien con algo o con alguien*. Sin embargo, se reconoce ya legítimo su uso con complemento directo, si bien es uso coloquial:
Hacienda se queda con todo
Hacienda se lo queda todo

– El verbo ***soñar.*** Es igualmente correcto el uso de *soñar* con la preposición *con* o sin ella:
Soñé [con] *que me perdía en la ciudad*
Soñé [con] *cosas desagradables*

Construcciones verbales especiales (forma verbal + infinitivo)

La norma dice:

☼ ***Acostumbrar*** **+ infinitivo** (con significado de 'soler'): es construcción correcta con o sin la preposición ***a:***
Acostumbraba (a) levantarse muy temprano

☼ ***Dignarse*** **+ infinitivo**: es construcción correcta con o sin la preposición ***a:***
No se dignó (a) invitarme

☼ ***Deber de*** **+ infinitivo:**

– Con significado de **probabilidad** o **conjetura** se puede usar con la preposición ***de,*** o desde hace poco, sin preposición:
Deben [de] ser las seis de la tarde
Debe [de] estar enfermo porque no ha venido a clase

– Con significado de **obligatoriedad** no puede llevar la preposición ***de:***
NO: **Debemos de hacer mejor las cosas* (CORRECTO: *debemos hacer*)
NO: **El Gobierno debe de actuar con prontitud si quiere frenar la crisis* (CORRECTO: *debe actuar*)

☼ **En las construcciones *poder* + infinitivo, *soler* + infinitivo, *acostumbrar* + infinitivo, *tener que* + infinitivo, *deber (de)* + infinitivo, *haber de* + infinitivo, *empezar (comenzar)* + infinitivo, *acabar de* + infinitivo, *dejar de* + infinitivo, *estar* + gerundio, *andar* + gerundio, *seguir* + gerundio** se pueden anteponer los pronombres personales átonos al primer verbo, o posponer al segundo:

*Puedo decír**selo** / **Se lo** puedo decir*
*Tengo que enseñár**oslo** / **Os lo** tengo que enseñar*
*Deben de saber**lo** / **Lo** deben de saber*
*Acabo de decír**telo** / **Te lo** acabo de decir*
*Dejé de escribir**lo** / **Lo** dejé de escribir*
*Está mostrándo**selo** / **Se lo** está mostrando*
*Sigue contándo**lo** / **Lo** sigue contando*
*Andan diciéndo**lo** por ahí / **Lo** andan diciendo por ahí*

⚠ **EXCEPCIONES:** ***haber que + infinitivo*** y ***ponerse + infinitivo*** no permiten la anteposición:
CORRECTO: *Hay que hacerlo* (NO: **Lo hay que hacer*).
CORRECTO: *Se pusieron a contarlo* (NO: **Se lo pusieron a contar*).

⚠ **PERO:** con otros verbos como ***querer, intentar, mandar + infinitivo*** y ***quedarse + gerundio***..., también se admite la anteposición, aunque se aconseja la posposición: *Quise decíroslo / Os lo quise decir; Se quedó mirándome/Se me quedó mirando.*

Usos incorrectos de otras formas verbales

La norma dice:

- Es incorrecto añadir la **desinencia *-s*** a las segundas personas de singular de los pretéritos simples o indefinidos de los verbos:
NO: **anduvistes, vinistes, llamastes, fuistes*... (CORRECTO: ***anduviste, viniste, llamaste, fuiste***...)

- Se considera INCORRECTO el uso del **condicional simple** por el pretérito imperfecto de subjuntivo, y el del **condicional compuesto** por el pretérito pluscuamperfecto de subjuntivo en las oraciones condicionales.
NO: **Si serías más listo, te enterarías.* (CORRECTO: *si fueras*).
NO: **Si habrías jugado mejor, habrías ganado.* (CORRECTO: *si hubieras jugado*).

- Se considera INCORRECTO el uso del **pretérito perfecto compuesto** de los verbos (*he pasado, he estudiado*...) para expresar acciones, procesos, etc., que se han desarrollado o han tenido lugar en una zona temporal en la que el hablante no está situado, o que no están próximos al momento en que este está situado:
*Ayer lo *hemos pasado estupendamente* (CORRECTO: *lo pasamos*)

- Es CORRECTO, pero se usa más frecuentemente en el ámbito periodístico, el uso de la **forma en *-ra* del pretérito imperfecto de subjuntivo** con el valor de un pretérito pluscuamperfecto o indefinido de indicativo en oraciones de relativo o en oraciones temporales encabezadas por ***desde que, hasta que*:**

*Desde que estuviera en nuestro país... (Desde que **había estado...**/Desde que **estuvo...**)*
*Lo dijo el que fuera presidente del Gobierno en la anterior legislatura (Lo dijo el que **fue**...)*

⚠ **ES INCORRECTO** el empleo de la forma en ***-se*** para estos casos:
NO: **El que fuese presidente del Gobierno...* (CORRECTO: *El que **fuera***)
Desde que estuviese en nuestro país...* (CORRECTO: *Desde que **estuviera*)

Diferentes usos verbales en América

➔ **El verbo *jugar*.** En España el verbo *jugar* se utiliza en estructuras del tipo *jugar al fútbol, al tenis, al mus*, etc.

En América, sin embargo, es frecuente decir *jugar fútbol, jugar tenis,* etc., y se considera correcto.

➔ **Usos verbales con pronombres.** Algunos verbos se usan conjugados obligatoriamente con pronombres en España, pero sin ellos en América, y viceversa:

	En España	En zonas de América
adherir/-se	*Se adhirió a la causa*	*Adhirió a la causa*
enfermar/-se	*El niño enfermó*	*El niño se enfermó*
regresar/-se	*Regresaré a las 12:00 horas*	*Me regresaré a las 12:00 horas*
soñar/-se	*Soñé con que me perdía en la ciudad*	*Me soñé con que me perdía en la ciudad*
tardar/-se	*Tardé media hora en arreglarme*	*Me tardé media hora en arreglarme*

6
LOS ADVERBIOS

Antes conviene saber...

Los adverbios no se introducen con determinantes (salvo que estén sustantivados: *por aquel entonces; el hoy y el ayer*...) ni se dejan acompañar por adjetivos.

¿Qué nos dice la norma sobre...?

Adverbios de lugar con posesivos

La norma dice:

- ***Adverbios de lugar + de:*** ciertos adverbios de lugar pueden llevar un complemento encabezado por la preposición ***de:*** *delante (de ti, de la casa), detrás (de ella, del coche), encima (de nosotras, de la mesa), debajo (de mí, de la cama), cerca (de ellos, del parque), enfrente (de él, de la pared), lejos (de vosotras, del aula)*. No es correcto, por tanto, combinarlos con posesivos: **delante suyo, *detrás nuestro, *enfrente mío, *cerca vuestro, *debajo tuyo,* etc.

- Menos justificable es el uso femenino del posesivo:

  NO: **delante mía, *detrás tuya, *encima vuestra...*

  En todos estos casos, lo correcto siempre es el complemento encabezado por ***de:*** *delante de mí, detrás de ti, encima de nosotros/-as, debajo de vosotros/-as, cerca de él/ella/ellos/ellas.*

  ⚠ **PERO:** en construcciones próximas a adverbios que se han formado con un sustantivo sí es posible el uso del posesivo: *al lado tuyo, a tu* *lado, al lado de ti; en contra tuya, en tu contra, en contra de ti; a expensas suyas, a sus expensas, a expensas de ellos; a través nuestro, a nuestro través, a través de nosotros/-as; en torno suyo, en su torno* (forma hoy poco usada, pero correcta), *en torna a él/ella/ellos/ellas; a pesar tuyo, a tu pesar, a pesar de ti...*

⚠ El adverbio ***alrededor*** sí permite combinación con posesivos, pues se ha formado con el sustantivo *rededor*:
alrededor mío, tuyo, suyo... (NO: **alrededor mía, tuya, suya...*)
a mi (tu, su...) alrededor
alrededor de mí (de ti, de él...)

Los adverbios *(a)dentro, (a)fuera, (a)delante, detrás, atrás, arriba, abajo, (a)dónde, (a)donde*

La norma dice:

☼ Sobre los adverbios ***adentro, afuera***:

- En España no se admite su uso **con verbos de estado,** aunque sí son frecuentes en algunas zonas de América:
Juan está dentro (AMÉRICA: *adentro*)
El profesor se encuentra fuera (AMÉRICA: *afuera*).

- En todo el ámbito hispánico se emplean **con verbos de movimiento** o similares, con los que también son válidas las formas *dentro* y *fuera*:
Ve adentro/dentro
Sal afuera/fuera

- Son compatibles **con algunas preposiciones**, pero **nunca con *a*:**
Vamos hacia (a)dentro
Vamos para (a)fuera

  frente a:
  **Vamos a adentro; *Vamos a afuera* (CORRECTO: *Vamos (a)dentro, (a)fuera*)

☼ Sobre ***adentro, afuera, adelante, atrás***:

- Son obligadas las formas *adelante, atrás, adentro* y *afuera* cuando van precedidas de los adverbios *más, tan, muy* y no llevan complementos:

Ponte más adelante (NO: **más delante*)
Se colocó muy atrás (NO: **muy detrás*)
La aguja penetró muy adentro (MEJOR QUE: *muy dentro*)
Lo sacaré más afuera (MEJOR QUE: *más fuera*).

ADVERTENCIAS:

⚠ No es correcta la forma coloquial ****alante*** por *adelante*: *Vamos para *alante* (CORRECTO: *para (a)delante*).

⚠ Las formas *adelante* y *atrás* no se combinan con *a*: **a adelante*, **a atrás*.

☼ Sobre ***adentro, afuera, adelante, atrás, arriba, abajo***:

– Se considera **incorrecto** usar estos adverbios con **complementos** encabezados con ***de***:
NO: **adentro de la casa*, **afuera del colegio*, **adelante del mueble*, **arriba de la mesa*, **abajo del árbol*, **adelante del coche*, **atrás del conductor*...

⚠ **PERO:** su uso es correcto, aunque poco aconsejable, en el español de América.

– Lo aconsejable, en estos casos, es emplear las formas correspondientes sin ***a-***: *dentro de la casa*, *fuera del colegio*, *delante del coche*, etc.

☼ Sobre ***arriba, abajo:*** tampoco *arriba* y *abajo* se acompañan con *a*: **a arriba*, **a abajo*.

☼ Sobre el **adverbio** interrogativo ***adónde*** (también ***a dónde***) y el **relativo** ***adonde*** (también ***a donde***).

– Se usan correctamente **con verbos de movimiento o similares** (también son válidas en estos casos las formas *dónde* y *donde*), pero es incorrecto su uso con verbos de estado:
¿Adónde (dónde) ***vais****?*
Pregúntale adónde (dónde) se ***dirige***
Adonde (donde) tú ***vas****, yo he ido muchas veces*

Frente a:
*¿*Adónde está el dinero?* (CORRECTO: *dónde*)
*Pregúntale *adónde se tienen que sentar los niños* (CORRECTO: *dónde*)
*Conozco el sitio *adonde escondieron el dinero* (CORRECTO: *donde*)

– **No** admiten **preposiciones:**
*Se dirige hacia *adonde se reúnen sus amigos* (CORRECTO: *hacia donde*)
*¿Hacia *adónde te diriges?* (CORRECTO: *hacia dónde*)

– Los adverbios ***dónde* y *donde*** admiten la **preposición *en*** cuando se indica un lugar "en donde":
¿En dónde (dónde) queréis sentaros?
El dinero se encuentra en donde (donde) te dije ayer.

Estructuras con *que* en lugar de adverbios

La norma dice:

☼ Los adverbios del primer grupo se correlacionan con los del segundo unidos por el verbo *ser:*

así ***entonces*** ***allí***	***fue*** (verbo ser)	***como*** ***cuando*** ***donde***

Ejemplos:
Así fue como lo hicieron
Allí fue donde te encontraron
Entonces fue cuando resbalaste

☼ No obstante, en **América** está muy extendido, y hoy se considera correcto, el uso de ***que*** en lugar de esos adverbios relativos (➔ LAS PREPOSICIONES):

América	España
Así fue que lo hicieron *Allí fue que te encontraron* *Entonces fue que resbalaste*	*Así fue como lo hicieron* *Allí fue donde te encontraron* *Entonces fue cuando resbalaste*

También en oraciones interrogativas encabezadas por los adverbios interrogativos ***cuándo, dónde*** y ***cómo,*** se usan en América las construcciones con *que*:

América	España
¿Cuándo fue que llegaron a casa? *¿Dónde fue que te encontraron?* *¿Cómo fue que pintasteis esta puerta?*	*¿Cuándo llegaron a casa?* *¿Dónde te encontraron?* *¿Cómo pintasteis esta puerta?* o *¿Por qué pintasteis esta puerta?*

Otros adverbios con problemas normativos

La norma dice:

- El adverbio ***recién*** (acortamiento de *recientemente*):
  - En España se usa solo con el participio de algunos verbos: *recién muerto, recién hecho, recién terminado…*
  - En América se utiliza, además, con formas personales del verbo:
    Terminó recién ('hace poco') *el partido*
    Recién ('tan pronto como') *llegó, nos pusimos a arreglar la avería*

- El adverbio ***medio*** ('casi'), como adverbio que es, no admite marcas de género ni de número. Hay, por tanto, INCORRECIÓN en: **media tonta*, **medios tontos*, etc

- Los adverbios ***antes*** y ***después***:
  - Pueden funcionar como adjetivos que complementan a un sustantivo temporal: *el día antes* [de la boda] *el día después* [de la boda].
  - Con estos usos son sinónimos de los adjetivos respectivos *anterior* y *posterior* o *siguiente*.

    ⚠ Se considera INCORRECTA la intercalación de la preposición *de*: *el día *de antes; la noche *de después.*

- El adverbio ***mientras*** seguido de los adverbios ***más*** o ***menos*** presenta un valor que, en la lengua culta, se manifiesta con el adverbio *cuanto*; se trata de un uso coloquial correcto, pero no preferido académicamente:

  Mientras más estudies, más aprenderás (MEJOR: ***cuanto más***)
  Mientras menos te comprometas, menos problemas (MEJOR: ***cuanto menos***)

☼ La construcción ***mientras que:***

– Con **valor temporal** no es correcta en España aunque se da como válida en zonas de América:
Mientras que yo estudio un poco, tú vas haciendo la comida (MEJOR: ***Mientras yo estudio*** *un poco...*)

– Cuando se usa con el significado de 'en cambio', ambas formas se consideran válidas:
Tu padre es arquitecto, ***mientras que*** *el mío es ingeniero* (también, pero no preferido: *mientras el mío*)

☼ Es correcto el uso de las voces ***adjunto, caro, barato*** como adjetivos (con género y número) o adverbios:

Adjunto *te envío la documentación* / ***Adjunta*** *te envío la documentación*
Hay cosas que se pagan ***caro*** (o *barato*) / *Hay cosas que se pagan* ***caras*** (o *baratas*)

☼ **Combinaciones adverbiales:**

– ***qué tan*** (por el adverbio *qué* o *cuán*) y ***qué tanto/-a/-os/-as*** (por el adverbio *cuánto* o por los adjetivos *cuánto/-a/-os/-as*) se dan en zonas de América, sobre todo México: *¡Qué tan simpático eres!* (POR: *¡Qué (cuán) simpático eres!*) *¿Qué tanto ganas?* (POR: *¿Cuánto ganas?*).

– ***cuando menos*** significa 'por lo menos', 'como mínimo'; con este significado no debe usarse *cuanto menos*: *Este alumno es* ***cuando menos*** (NO: **cuanto menos*) *un futuro director de cine.*

– ***no más*** (también *nomás*) se usa en América, aunque no en España, con el significado de 'tan pronto como', o como mero refuerzo expresivo. Es CORRECTO: *Vino* ***no más*** *(nomás) a visitarnos.*

7
LAS PREPOSICIONES

¿Qué nos dice la norma sobre...?

La agrupación preposicional *a por*

La norma dice:

☼ Ya se considera correcta la agrupación ***a por;*** antes era *por:* *Voy a por mi hijo; Sal a por el pan; Ir a por todas; ¡A por ellos!*

⚠ **PERO:** en América se evita esta agrupación dejando solo *por* (*Voy por el periódico; Sal por el pan…*), o bien intercalando el infinitivo del verbo que corresponda: *Voy a buscar a mi hijo; Sal a comprar el pan…*

Estructuras con sustantivo + *a* + sustantivo, y sustantivo + *a* + *infinitivo*

La norma dice:

☼ Se desaconsejan estas estructuras por ser propias del francés:

sustantivo + *a* + sustantivo	sustantivo + *a* + infinitivo
NO: **vehículo a motor, *cocina a gas, *transistor a pilas, *barco a vela...*	**NO:** **libros a leer, *casas a construir, *apartamentos a comprar, *ladrillos a colocar*

sustantivo + *a* + sustantivo	sustantivo + *a* + infinitivo
Lo ACONSEJABLE es la preposición ***de:*** *vehículo de motor, cocina de gas, transistor de pilas, barco de vela...*	Lo ACONSEJABLE es la conjunción ***que*** o la preposición ***para***: *libros que (para) leer; casas que (para) construir; apartamentos para comprar, ladrillos que (para) colocar...*
Aunque SE ADMITEN construcciones de este tipo: - En expresiones muy arraigadas en el uso estándar del español: *avión a reacción* y *olla a presión.* - Cuando el primer sustantivo es resultado de una acción específica: *pintura al temple, grabado al humo, bordado a mano,* etc.	Aunque SE ADMITEN construcciones de este tipo: - Cuando el sustantivo pertenece al ámbito de la economía o presenta un carácter abstracto *(aspectos, puntos, temas, cuestiones, política, doctrina...)* y el infinitivo pertenece a ámbitos semánticos del tipo 'debatir', 'tratar', 'elegir', 'resolver', etc., pues están muy arraigadas en el uso culto: *Los **temas a debatir** en la reunión son...* *La **cantidad a ingresar** (a devolver...) es de...*

Dequeísmos y queísmos

La norma dice:

¿Qué es?

El dequeísmo	El queísmo
Intercalación de la preposición *de* en un enunciado cuando no la exige ningún componente. Se considera INCORRECTO: **Nos alegra **de que** hayas venido* (CORRECTO: *Nos alegra **que***).	Supresión de la preposición *de, u otra preposición,* cuando viene exigida por algún componente del enunciado. Se considera INCORRECTO: **Nos alegramos **que** hayáis venido* (CORRECTO: *Nos alegramos de que...)* **No cabe duda que lo entienden* (CORRECTO: *No cabe duda de que...)*

☼ ¿Cómo se detecta?

El dequeísmo	El queísmo
Sustituyendo la oración encabezada por *que* por un pronombre o un grupo nominal; si con estos no se exige la preposición *de*, no hay que mantenerla delante de *que*: *Nos alegra eso; Deseamos eso; Me preocupa eso; Es seguro eso; No me importa eso.*	Sustituyendo la oración encabezada por *que* por un pronombre o un grupo nominal; si con estos se exige preposición, hay que mantenerla delante de *que*: *Nos alegramos de eso; No cabe duda de eso; Estás seguro de eso, Nos aseguramos de eso; Me conformo con eso; Insistió en eso...*

☼ Admiten indistintamente *de que* y *que:*

– Algunos **verbos** como *informar, advertir* (con el significado de 'informar'), *avisar, dudar:*
Nos informan de que no hay mensajes / Nos informan que no hay mensajes
(*Nos informan de eso / Nos informan eso / Nos lo informan*)

– Algunas **locuciones** como *dar miedo, dar pena, dar rabia, dar vergüenza*:
Me da pena de que la gente pase hambre/Me da pena que la gente pase hambre
(*Me da pena de eso / Me da pena eso*)

– Los **grupos de palabras** *antes de que* y *antes que, después de que* y *después que, luego de que* y *luego que* (sobre todo, en América), *con tal de que y con tal que.*

☼ Errores frecuentes

Insistió que... (CORRECTO: *insistió* ***en*** *que;* el verbo exige otra preposición distinta a *de;* aquí, *en*)
**A medida de que...* (CORRECTO: *a medida que*)
**Una vez de que...* (CORRECTO: *una vez que*)
**A pesar que...* (CORRECTO: *a pesar de que...*)
**A fin que...* (CORRECTO: *a fin de que...*)

Estructuras enfáticas con el verbo *ser* y sin preposición en el segundo componente

La norma dice:

- En español existen unas estructuras de carácter enfático, entre las que se encuentra la que sigue el siguiente esquema:

Oración enfática		
Primer componente de la oración		Segundo componente de la oración
Verbo *ser* + preposición	+	la misma preposición + *que*
Fue ***por*** *eso*		***por*** *lo* ***que*** *no te ayudé*

- Este esquema presenta variantes con el verbo *ser* al final del primer componente:
  Por tu hermano fue por quien me enteré de lo sucedido
  De política fue de lo que hablamos

- Actualmente se admite la eliminación de la preposición del segundo componente (más frecuente en América):
  Fue por eso (por eso fue) que no te ayudé
  Por tu hermano fue (fue por tu hermano) que me enteré de lo sucedido

Otros usos de preposiciones con problemas normativos

La norma dice:

- **Locuciones latinas *grosso modo, motu proprio, corpore insepulto*** y la española ***contra reloj.*** No admiten preposición:

  Te lo explicaré grosso modo (NO: **a* grosso modo)
  Lo hizo motu proprio (NO: **de* motu proprio)
  Asistiré a una misa corpore insepulto (NO: **de* corpore insepulto)
  Trabajaremos contra reloj (NO: **a* contra reloj)

☼ ***De acuerdo <u>a</u> / De acuerdo <u>con</u>.*** Se admiten ambas variantes; la primera es más frecuente en América.

☼ ***En relación <u>con</u> / Con relación <u>a</u>.*** Se admiten ambas variantes.

⚠ **PERO:** es incorrecto **en relación a.*

☼ **Locuciones formadas con *mañana, tarde* y *noche.*** Se consideran correctas las combinaciones con las preposiciones ***a, en*** y ***por,*** aunque con ciertas preferencias geográficas:

A la mañana / En la mañana / Por la mañana
A la tarde (en el País Vasco, Cataluña y algunas zonas de América, como la Argentina)
En la tarde (en otras zonas de América)
Por la tarde (en la mayor parte de España)
A la noche / En la noche / Por la noche

☼ **Uso de *contra más* y *entre más* en vez de *cuanto más.***

Contra más	*Entre más*
Se considera un uso **INCORRECTO:** **Contra más lo pienso, menos me entero* (CORRECTO: *cuanto más*)	Esta construcción solo se admite en zonas de América como México, pero se desaconseja en casi todo el ámbito hispánico (en España es regional). *Entre más gente venga, peor* (MEJOR: *cuanta más*)

8
CONCORDANCIAS

Antes conviene saber...

☼ Entre ciertas palabras de la oración debe existir el mismo género, el mismo número, la misma persona, etc., es decir, debe haber **concordancia.** En nuestra lengua, algunos ejemplos claros de concordancia se dan entre el sujeto de una oración y el verbo, y entre los sustantivos y sus acompañantes (determinantes y adjetivos):

Los alumnos cambiaron cromos
sujeto verbo .... ambos en plural y en tercera persona

La casa blanca
art. sust. adj. .... en femenino y singular

☼ Las **oraciones impersonales** son aquellas que no admiten sujeto ni explícito ni implícito. El verbo *haber* (entre otros) y ciertas oraciones con la partícula *se* son ejemplos de ello:

Hubo algunas reclamaciones
Se cambiará a los alumnos de clase

☼ **Verbo principal y verbo auxiliar**. En una oración encontramos siempre, al menos, un verbo con significado pleno: el que transmite lo que se nos quiere comunicar y que se llama verbo principal; y pueden existir otros que lo acompañan, a los que se llama auxiliares. También se da el caso de que un mismo verbo puede ser principal o auxiliar en distintas oraciones. Es el ejemplo del verbo *haber*:

He comido muy bien (*he* es aquí auxiliar de *comido*, que es el verbo principal)
Hubo varios accidentes (*hubo* aquí es el verbo principal y único en la oración)

El verbo *haber* como principal no lleva sujeto: se usa en oraciones impersonales y no debe concordar con el complemento directo.

☼ **Oraciones de relativo**. Son oraciones encabezadas por un pronombre o adverbio relativo (*que, quien, cual, cuyo, donde*…), y que o bien delimitan la información de un sustantivo que les antecede (el **antecedente**) o bien explican alguna de sus características:

Yo soy uno de los que no se deprime/deprimen.
antecedente — oración de relativo

¿Qué nos dice la norma sobre...?

Artículos y adjetivos delante de sustantivos con *(h)a-* inicial de intensidad fuerte (tónica)

La norma dice:

Existen sustantivos femeninos que comienzan con la letra *(h)a-* tónica, es decir, con pronunciación fuerte como ***al**ma, **ha**cha, **ham**bre, **au**la, **an**sia, **a**gua, **á**rea*… Las distintas formas de concordancia con el artículo, adjetivos u otras palabras que acompañan a estos sustantivos se recogen en estos casos. Tomamos como ejemplo el sustantivo ***agua.***

☼ Lo general es emplear el artículo *el* (en estos casos, es forma femenina, variante de *la*) delante de estos sustantivos, aunque en plural se mantiene el femenino normal *las:*

el (art. m.) *agua* (sust.) (pero en plural *las* (art. f.) *aguas* (sust.))

– Si se coloca un adjetivo entre el artículo y el sustantivo, se debe cambiar *el* por *la:*

la (art. f.) *cristalina* (adj.) *agua* (sust.) frente a *el* (art. f.) *agua* (sust.) *cristalina* (adj.)

– Si el determinante es distinto del artículo *el/la*, como *esta, esa, aquella* (demostrativos), *toda, mucha, poca, otra*…, se mantiene la forma femenina normal:

esa agua *esta agua*
toda agua *mucha agua*
toca agua *aquella agua*

NO:
**esa agua* **este agua*
**todo agua* **mucho agua*
**poco agua* **aquel agua*

– Si el determinante es *un/-a* (artículo indeterminado) o *algún/-a, ningún/-a* (indefinidos) se admiten ambas formas:
un / una agua
algún / alguna agua
ningún / ninguna agua

– Si es un adjetivo femenino, y no un determinante, el que acompaña al sustantivo tanto por delante como por detrás, la concordancia se da en femenino:
agua pura o *pura agua*

– Si el determinante *todo* va delante del artículo determinado, este se mantiene con la forma *el*, mientras que aquel adopta el femenino normal:
toda el agua

ADVERTENCIAS:
– La regla de colocar la forma femenina del artículo *el* delante de sustantivos que empiezan por *(h)a-* tónica no se extiende en la actualidad a los adjetivos con la misma letra inicial: *la áspera corteza, la alta montaña, la agria naranja, la alma mater* (*alma* es aquí adjetivo latino).
– Si los sustantivos empiezan por *(h)a-* átona, o sea, sin intensidad, el artículo determinado adopta la forma femenina normal: *la acera, la hacina, la harina, la arroba.*

EXCEPCIONES:
– El sustantivo ***árbitra*** se acompaña de la forma *la* del artículo: *la árbitra* (NO: **el árbitra*).
– Los sustantivos formados con **siglas**: *la AFE, la AMPA, la AMA* ('Agencia Mundial Antidroga')...
– Los sustantivos que necesitan diferenciar el sexo por ser **comunes en cuanto al género**: *la árabe* [una mujer] (FRENTE A: *el árabe* [un hombre])
– Los **nombres propios de pila (con complemento) y los apellidos**: *la Águeda que conoces; la Ángeles de esta casa; la Ana de tu barrio...; la Álvarez, la Ávila* (apellido)...

– Los **nombres propios de continentes** siguen la regla general (*el África negra, el Asia menor*), mientras que se prefiere la forma ***la*** con los **nombres de ciudades**: *la Ávila medieval, la Álava que yo conocí.*
– Los nombres de las **letras**: *la hache, la a, la alfa...*

Los verbos *haber* y *hacer*

La norma dice:

Verbo *haber* (no debe concordar con su C.D.)	Verbo *hacer* (no debe concordar con su C.D.)
• Como verbo principal no tiene sujeto; no tiene que concordar con el complemento directo: NO: *<u>*Habrán*</u> <u>*posibles soluciones*</u> pl. C.D. (CORRECTO: <u>*Habrá*</u> <u>*posibles soluciones*</u>) sing. C.D. NO: *<u>*Hubieron*</u> *varios accidentes* (CORRECTO: *Hubo varios accidentes*)	• Cuando lleva complementos directos referidos al tiempo (*Hace tres años*) o a la temperatura (*Hace 20 grados*), es un verbo unipersonal en oraciones impersonales, o sea, sin sujeto; no debe concordar con su complemento directo: NO: *<u>*Hacen*</u> *dos años ya desde la marcha de mi hija.* (CORRECTO: *Hace dos años*) NO: **Ayer* <u>*hicieron*</u> *40º* (CORRECTO: *Ayer* <u>*hizo*</u> *40º*)
• También cuando el verbo *haber* aparece en infinitivo o gerundio: NO: **Tendrían que haber más invitados* (CORRECTO: *Tendría que haber más invitados*) NO: **Están habiendo muchas restricciones* (CORRECTO: *Está habiendo muchas...*) NO: **Siguen habiendo represalias* (CORRECTO: *Sigue habiendo represalias*).	• También cuando el verbo *hacer* aparece en infinitivo o gerundio: NO: **Pronto van a hacer dos años de su marcha* (CORRECTO: *Pronto va a hacer...*) NO: **En este momento siguen habiendo 40º* (CORRECTO: *... sigue habiendo 40º*)

Oraciones impersonales con *se* y oraciones pasivas reflejas

La norma dice:

ORACIONES IMPERSONALES CON *se* (no deben concordar con su C.D.)	ORACIONES PASIVAS REFLEJAS (deben concordar con su sujeto)
Las oraciones impersonales con la partícula pronominal *se* **NO** deben concordar con su complemento directo (normalmente de persona): NO: **Se cambiarán a los alumnos de aula* pl. C.D. pl. (CORRECTO: *Se cambiará a los alumnos*) verbo sing. C.D. pl. NO: **Se atendieron con total cortesía a los invitados* (CORRECTO: *Se atendió...*)	Las oraciones llamadas pasivas reflejas se construyen con la partícula pronominal *se* y un sujeto de cosa o de persona no determinada; en estos casos, la concordancia del verbo con el sujeto es obligada: NO: **Se vendió* [*fueron vendidos*] *tres pisos* verbo sing. pl. [*el mes pasado* (CORRECTO: *Se vendieron tres pisos...*) verbo pl. sujeto pl.
• También se comete error cuando se trata de oraciones impersonales con un complemento preposicional: NO: **Hoy se llegarán **a los 30º*** (CORRECTO: *Hoy se llegará a...*) NO: **Se hablaron de temas importantes* (CORRECTO: *Se habló **de temas...***)	NO: **¿Cuántos pisos se alquila en la costa?* (CORRECTO: *... se alquilan...*) NO: **Se busca personas que dominen idiomas* (CORRECTO: *Se buscan personas...*)

⚠ El verbo ***tardar*** admite las dos construcciones: impersonal con *se* y pasiva refleja:

Impersonal: *Se tardó tres horas*
Pasiva refleja: *Se tardaron tres horas*

⚠ Otros verbos como ***nombrar, elegir, contratar***... también admiten las dos construcciones sin que pueda hablarse de incorrección:

Impersonal: *Se nombró a los nuevos delegados*
Pasiva refleja: *Se nombraron los nuevos delegados*

Impersonal:	*Se ha contratado a*	*dos jugadores colombianos*
Pasiva refleja:	*Se han contratado*	*dos jugadores colombianos*

Los numerales

La norma dice:

☼ **Los cardinales compuestos de *un/-a*** concuerdan en género con el sustantivo al que acompañan:
*Veintiu**na** (treinta y una, cuarenta y una…) perso**nas***
(NO: **veintiún, *treinta y un, *cuarenta y un…*)

– Acompañados del también cardinal ***mil***, la concordancia puede hacerse con el sustantivo o con este cardinal:
***Veintiún mil** personas (veintiún* concuerda con *mil*)
***Veintiuna mil** perso**nas** (veintiuna* concuerda con *personas*)

– **Cuando los cardinales *ciento* y *mil* son sustantivos,** los determinantes deben concordar con ellos y no con el sustantivo que ejerce de complemento introducido por la preposición *de*:
Los miles (cientos) de víctimas (NO: **Las miles (cientos) de víctimas*)
m. pl.

☼ **Los ordinales comprendidos entre *decimoprimero* y *nonagesimonoveno*** se pueden escribir, según las últimas normas académicas, en una o en dos palabras. En el primer caso, la concordancia con el sustantivo se establece solo en el segundo componente del compuesto; en el segundo caso, en los dos componentes del compuesto:

ORDINAL UNIDO: *Decimoprimer**as** (vigesimoterceras, quincuagesimonovenas) edicion**es**…*
ORDINAL SEPARADO: *Décim**as** primer**as** (vigésimas terceras, quincuagésimas novenas) edicion**es**…*

☼ **Otros casos de ordinales y cardinales:**

– Cuando aparecen **dos adjetivos ordinales coordinados precediendo a un sustantivo,** se prefiere la concordancia del sustantivo en singular a la concordancia en plural:

Entre el segundo y tercer escalón
ordinales coord. sust. sing.
(MEJOR QUE: *Entre el segundo y tercer escalon**es**)*

El primer(o) y segundo trimestre
(MEJOR QUE: *El primer(o) y segundo trimestres*)

– Cuando tenemos un sustantivo + el sustantivo ***número*** + el cardinal *un/-a* o compuestos de *un/-a*, la concordancia puede establecerse con el sustantivo principal o con el sustantivo *número*:

La habitación doscientas una o *La habitación [número] doscientos uno*
La página veintiuna o *La página [número] veintiuno*

El sujeto y el verbo

La norma dice:

☼ Si la palabra importante (o núcleo) del sujeto es un sustantivo o una expresión de carácter **partitivo** *(mayoría, resto, mitad, doble, el 10%...)*, el verbo puede concordar con dicho **núcleo o con el sustantivo de su complemento**, aunque este no se nombre:

La mitad [de los alumnos] ***se quedó/se quedaron*** *en el aula*
núcleo complemento
(*Se quedó* concuerda con *mitad* y *se quedaron* concuerda con *alumnos*)

PERO: con los verbos ***ser, estar, parecer*** o ***quedarse, ponerse...*** seguidos de un atributo, lo aconsejable es la concordancia con el complemento y no con el núcleo del sujeto:
La mayoría [de los ***extranjeros****]* ***eran*** *alemanes* (MEJOR QUE: *... era alemana*)
El 10% de los alumnos ***se pusieron*** *nerviosos* (MEJOR QUE: *... se puso nervioso*)

☼ Si los sustantivos que hacen de núcleo son del tipo *grupo, montón, conjunto, sinfín, puñado, aluvión...*, o *tipo, clase...*, o un **colectivo** como *manada, ejército...* y llevan un complemento encabezado por *de*, también son válidas las concordancias con **dicho núcleo** o con **el sustantivo del complemento:**

Un grupo de estudiantes ***se dirigía / se dirigían*** *al rectorado*
núcleo complemento
Un conjunto de cosas me ***está / están*** *agobiando*

⚠ **PERO:** si se trata de oraciones con los verbos ***ser, estar, parecer,*** u **otros como *ponerse, quedarse…*** seguidos de un atributo, lo recomendable es la concordancia con el sustantivo del complemento:
*Ese tipo de persona**s** **son** repulsivas* (MEJOR QUE: *es repulsivo*)
*Un grupo de niño**s** estaba**n** sentado**s** en la acera* (MEJOR QUE: *estaba sentado*)

☼ Cuando un sustantivo está introducido por expresiones como *cantidad de, la mar de, infinidad de, multitud de…*, la concordancia se establece obligatoriamente **con el segundo sustantivo**:

*Cantidad de problemas me agobia**n*** (NO: **me agobia*)
*Existe**n** infinidad de soluciones* (NO: **existe*)
*La mar de aparatos electrónicos abarrota**n** mi casa* (NO: *abarrota)

☼ ***Ser, estar, parecer* + atributo**

– Puede ocurrir que el sujeto aparezca en singular y el atributo en plural. Cuando esto sucede, lo normal es la concordancia **con el atributo**, sobre todo si el sujeto lo desempeña un pronombre neutro (*eso, aquello, todo…*):
Eso son tonterías (NO: **Eso es tonterías*)
pl. pl.

– Pero si el sujeto no es un pronombre neutro (*eso, aquello, todo…*), se admite la concordancia del verbo con el sujeto, aunque lo recomendable es la concordancia **con el atributo**:
*Esta casa no **son** más que un**os** poc**os** tabiques* (MEJOR QUE: *no es más que*)
*La felicidad **son** cuatro ratos* (MEJOR QUE: *es cuatro ratos*)

– Cuando el sujeto está formado por un cardinal seguido de un sustantivo, valen las concordancias en plural o en singular con el verbo o el predicado en casos como:
Veinte años no son nada / Veinte ('la cantidad de' *veinte*) *años no es nada*
Cuatro hijos son muchos / Cuatro hijos ('la cantidad de' *cuatro*) *es mucho*

Oraciones de relativo

La norma dice:

☼ ***Uno/-a de los/las que.*** Si en el grupo de palabras que forma un sujeto (grupo nominal) la palabra más importante (o núcleo) es *uno/-a* y va seguida de un complemento encabezado por la preposición *de* y una *oración de relativo*, el verbo de dicha oración de relativo puede concordar con dicho **núcleo** (en singular) o con su verdadero sujeto, que es el relativo en plural ***los/las que*:**

Yo soy [uno] de los que no se deprime/deprimen
NO: **Yo soy [uno] de los que no me deprimo*

☼ ***Yo soy el/la que [o quien].*** Este tipo de oración enfática con el verbo *ser* presenta dos opciones:

– Concordancia del verbo de la oración de relativo con el pronombre relativo si este va en singular:

Yo soy el/la que [o quien] manda aquí
relativo — verbo
or. de relativo

– Concordancia del verbo de la oración de relativo con el sujeto de la oración principal cuando es *yo* o *tú:*

Yo soy el/la que mando/-a aquí
suj. — verbo
or. de relativo

Tú fuiste el/la que (quien) lo contó / Tú fuiste el/la que (quien) lo contaste
El que manda / mando aquí soy yo

⚠ **PERO:** si el pronombre relativo va en plural, es obligada la concordancia del verbo de la oración de relativo con el sujeto de la oración principal y no con el relativo:
Nosotros fuimos los que lo contamos (NO: **los que lo contaron*)
Vosotras sois las que destacáis en clase (NO: **las que destacan*)

Otras concordancias con problemas normativos

La norma dice:

☼ Concordancia del adjetivo con sustantivos:

– Si aparecen **dos o más sustantivos de distinto género coordinados + adjetivo,** la concordancia del adjetivo se establece en masculino y plural:
*Sombrero(s) y corbata(s) negr**os**...*
sust. masc. sust. fem. adj. m. pl.

– Si aparecen un **adjetivo + dos o más sustantivos coordinados,** la concordancia se establece con el sustantivo más cercano:
*El mism**o** calor y afecto que recibí* (NO: **los mismos calor y afecto*)
adj. m. sing. (como el sustantivo *calor*)
*La extraordinari**a** preparación y conocimientos de Juan*
adj. f. sing (como el sustantivo *preparación*)

– Si aparecen dos **sustantivos en singular coordinados + adjetivo**, y los sustantivos se perciben como una sola unidad, la concordancia del adjetivo se establece en singular (aunque también es posible en plural):
La lengua y literatura española (MEJOR QUE: *españolas)*
susts. en sing adj. sing.
Resistieron con entusiasmo y ardor guerrero (MEJOR QUE: *guerreros*)
La salida y entrada diaria de camiones (MEJOR QUE: *diarias*)

– Los adjetivos que complementan a los sustantivos de tratamiento ***señoría, santidad, majestad...,*** concuerdan con el sustantivo en género:
su excelsa majestad; vuestra señoría

⚠ **PERO:** si el adjetivo forma parte de la oración como atributo de los verbos *ser, estar...*, entonces concuerda con el sexo de la persona a la que se refiere el tratamiento:
Sus señorías estaban preocupados (NO: **estaban preocupadas*)
Su majestad puede permanecer sentado (NO: **sentada*)

☼ Otras construcciones

– ***De lo más* + adjetivo.** En este tipo de construcciones, el adjetivo puede concordar con *lo* o con el sexo del referente:
*Estas chicas son de lo más simpátic**o*** o *Estas chicas son de lo más simpáti**cas***

⚠ **PERO:** si el adjetivo va seguido de oración encabezada por la conjunción *que,* solo es posible la concordancia con *lo:*
Estas chicas son de lo más simpático que te puedas imaginar (NO: **de lo más simpáticas...*).

– Construcciones del tipo ***cabeza de familia, cabeza de partido, cabeza de serie, número uno, fuera de serie, fuera de juego,*** etc., admiten la concordancia del primer componente en plural, pero no se rechaza la concordancia en singular:

los/las cabezas/cabeza de familia *los cabezas/cabeza de partido*
los/las cabezas/cabeza de serie *los/las números/número uno*
los/las fueras/fuera de serie *los fueras/fuera de juego*

– ***Uno... otro (uno... otra).*** Esta correlación no suele variar de género aunque sus componentes se refieran a seres de sexo distinto:
Juan y Marta hablan mal el uno del otro
Marta y su vecino se lanzaron insultos el uno al otro

⚠ PERO NO PARECE INCORRECTA la concordancia con el sexo de los referentes:
Juan y Marta hablan mal el uno de la otra
Marta y su vecino se lanzaron insultos la una al otro

– Concordancia con el pronombre ***le.*** El pronombre *le* debe aparecer en plural si se refiere a un sustantivo plural:
***Les** quiero decir a todos ustedes que...* (NO: ****Le** quiero decir...*)
*Quiero decir**les** a los españoles...* (NO: **Quiero decir**le...***)
*Debemos dar**les** más importancia a esas cuestiones* (NO: **Debemos dar**le...***)